¡Y FUERON FELICES PARA SIEMPRE *TAMBIEN ES PARA TI!*

Una guía para nunca rendirse hasta encontrar tu amor verdadero

BRIAN MICHAEL LAWSON

¡Y Fueron Felices Para Siempre también es para Ti!

BRIAN MICHAEL LAWSON

Published by BRIAN MICHAEL LAWSON, 2023.

¡Y FUERON FELICES PARA SIEMPRE TAMBIÉN ES PARA TI!

First edition. June 22, 2023.

ISBN: 979-8223931546

Written by BRIAN MICHAEL LAWSON.

Also by BRIAN MICHAEL LAWSON

Thriving through Divorce: A Comprehensive Guide to Emotional,
Personal, and Financial Recovery
The Memory of Water
La Memoria del Agua
¡Cómo convertir $100 en $1,000,000 en 1 año! Una guía para la
creación de riqueza exponencial
Triunfando a Pesar del Divorcio
Happily Ever After Is for You Too! A Guide to Never Giving Up Until
You Find Your True Love
¡Y Fueron Felices Para Siempre también es para Ti!
Mujeres Bellas Denegadas
Girls Disavowed
How to Turn One Hundred Dollars into One Million Dollars in One
Year: A Guide to Exponential Wealth Creation

Tabla de Contenido

*Para mis hijos Michael James y Dylan Michael.
Los amo a ambos, siempre.
Que su perseverancia, honor y resiliencia los
guíen hacia su destino justo.
Nunca desistir.*

INTRODUCCIÓN

Este libro trata sobre aprovechar y expandir tu potencial para lograr cualquier cosa por la que valga la pena luchar. Si la felicidad te elude con frecuencia y te sientes frustrado por los fracasos y desilusiones de la vida, entonces has elegido el guion correcto. Si no estás donde quieres estar, o no has encontrado el amor de tu vida, o tal vez estás atrapado/a con la pareja equivocada, entonces escribí esto para ti, donde sea que te encuentres.

Primero, por favor, responde estas simples preguntas:

¿Estás dispuesto/a a sacrificar un poco de comodidad para encontrar el amor verdadero? ¿Olvidarás tus fracasos y miedos pasados para enfocarte en un viaje que traerá alegría infinita a tu vida? ¿Puedes ser flexible y probar cosas nuevas? ¿Seguirás adelante en la búsqueda de tu alma gemela?

Estoy aquí porque ya has respondido sí a todas mis preguntas. No necesitas decírmelo, ¡ya lo sé!

Continuaré en las próximas cien páginas o así, enseñándote cómo usar tus emociones para dar forma a tu realidad. Esta es una guía con enseñanzas que fueron útiles en los tiempos del Antiguo Testamento y que aún son relevantes hoy en día. Este es un conocimiento y una guía que no puedes permitirte ignorar. Te ayudará a optimizar tu recurso más valioso pero finito, el tiempo.

En la vasta extensión del tiempo y el espacio, existe una conexión extraordinaria que trasciende los vínculos ordinarios del amor. Es un fenómeno elusivo del que han escrito los poetas y que los soñadores han anhelado desde tiempos inmemoriales. Hablamos de encontrar a tu alma gemela, aquella persona que enciende una chispa dentro de ti, resuena con tu ser más profundo y asegura que el amor no sea solo fugaz, sino eterno.

Embarquémonos en este viaje estableciendo que tu valor es alto y que seguramente muchas personas lo han pasado por alto una y otra vez a lo largo de tu vida. Está bien, es su pérdida. Eres único/a y especial. Piensa en eso mientras sigues leyendo.

Bienvenido/a, compañero/a buscador/a de amor, querido/a lector/a, me alegra tener tu compañía en este viaje del corazón y el alma. En este vasto universo, rebosante de miles de millones de almas, ¿cómo descubrimos a esa persona que hace que nuestro mundo cobre vida? ¿Cómo forjamos una conexión tan profunda que resista las pruebas del tiempo, mientras florece con pasión y devoción inquebrantables? Es una pregunta que ha atormentado nuestras mentes, ha tirado de nuestras fibras más íntimas y ha despertado en nosotros un deseo insaciable.

En el ámbito del amor, no hay atajos ni garantías. El verdadero amor exige valentía, perseverancia y vulnerabilidad. Nos exige navegar a través del laberinto de las emociones, despojarnos de las capas de nuestros miedos y abrirnos a las posibilidades que se encuentran más allá de nuestras zonas de confort.

Encontrar a tu alma gemela comienza con un profundo entendimiento de uno mismo. Para embarcarte en esta búsqueda sagrada, primero debes iniciar un viaje interior, explorando las profundidades de tu propio corazón. Esta introspección te permite discernir tus deseos, valores y aspiraciones con la mayor claridad. Al alinearte con tu verdadero yo, irradias una energía magnética que atrae sin esfuerzo a tu complemento.

¡Y FUERON FELICES PARA SIEMPRE TAMBIÉN ES PARA TI!

Sin embargo, el camino hacia encontrar a tu alma gemela no es solitario. Se entrelaza con los viajes de otros, mientras navegas por un tapiz de encuentros y conexiones. Estos encuentros actúan como espejos, reflejando los aspectos ocultos de tu ser, moldeándote y guiándote cada vez más cerca de tu pareja destinada.

Abre tu corazón, querido/a lector/a, y confía en la sincronía divina del universo. Ten paciencia, porque el amor rara vez se ajusta a nuestros horarios o expectativas. Llega cuando menos lo esperamos, iluminando nuestras vidas con una luz etérea. La sinfonía del destino orquesta el encuentro de dos almas, entrelazando sus destinos en una hermosa danza de amor y crecimiento.

Pero recuerda, encontrar a tu alma gemela es solo el comienzo de un viaje eterno. Para asegurar que el amor permanezca firme y perdurable, exige un compromiso y un cuidado incansables. Como una delicada flor, el amor requiere atención, ternura y devoción inquebrantable. Florece cuando priorizamos la comunicación, la empatía y la comprensión, creando un santuario de confianza donde ambas almas puedan expresarse libremente.

Querido/a buscador/a de amor (lector/a), prepárate para abrazar lo desconocido, porque la búsqueda del amor eterno es una magnífica odisea llena de alegría, risas, lágrimas y crecimiento. Es un viaje que pondrá a prueba tu resistencia, encenderá tu pasión y profundizará tu capacidad de amar. Pero en medio de todo eso, debes saber que las recompensas son inmensurables: un amor que trasciende el tiempo y el espacio, entrelazando tus almas en un vínculo que perdurará a través de todas las estaciones de la vida.

Entonces, embarquemos juntos en esta peregrinación, iluminando nuestros corazones con esperanza y nuestros espíritus con determinación. Atrévete a creer que el amor que buscamos no es una ilusión, sino una realidad tangible que nos espera a la vuelta de la esquina.

Porque en lo más profundo de nuestras almas, llevamos el rescoldo de la esperanza, alimentando nuestros espíritus mientras avanzamos hacia la llama eterna del amor, siempre buscándolo y asegurando su abrazo eterno.

CAPÍTULO 1: COMPRENDERTE A TI MISMO

¿Te conoces a ti mismo?

¿Conoces tus límites?

¿Sabes hasta dónde puedes llegar?

¿Eres consciente de todo lo que puedes lograr?

¡Descubrámoslo!

1.1 Explorando tus valores personales

Comprenderte a ti mismo comienza explorando tus valores personales. Tus valores son los principios rectores que moldean tus pensamientos, acciones y decisiones. Reflejan lo que realmente importa en tu vida. Tómate un momento para sumergirte en lo más profundo de ti y contemplar los valores que resuenan con tu alma. ¿Te impulsan la compasión, la integridad o la creatividad? Tal vez valoras la autenticidad, el crecimiento o la conexión. Al identificar tus valores fundamentales, obtienes claridad sobre lo que te brinda plenitud y te guía hacia una vida con propósito.

1.2 Identificar tus pasiones principales

Las pasiones son el combustible que enciende tu espíritu y le da sentido a la vida. Son las actividades, intereses o causas que despiertan en ti una profunda alegría y satisfacción. Cierra los ojos y visualízate involucrado en algo que te brinda una felicidad inmensa. Puede ser pintar, escribir, ayudar a otros o explorar la naturaleza. Acepta el poder de tus pasiones y permíteles guiarte hacia una vida que te entusiasme. Identificar tus pasiones principales te permite alinear tus acciones con tu verdadero ser.

1.3 Reflexionar sobre relaciones pasadas

Nuestras relaciones tienen un profundo impacto en nuestras vidas. Tómate tiempo para reflexionar sobre las relaciones pasadas, tanto románticas como de amistad. ¿Qué lecciones has aprendido? ¿Qué patrones has notado? Reflexionar sobre tus relaciones pasadas te ayuda a comprender tus necesidades, límites y estilos de comunicación. Te permite identificar áreas de crecimiento y construir conexiones más saludables en el futuro. Acepta la sabiduría adquirida de las relaciones pasadas y úsala como un peldaño hacia el desarrollo de conexiones satisfactorias en tu vida.

1.4 Comprender y aprender de errores pasados

Los errores son una parte inevitable de la experiencia humana y ofrecen valiosas oportunidades de crecimiento. En lugar de lamentarte por tus errores pasados, considéralos lecciones que te han moldeado en la persona resiliente que eres hoy. Comprende que los errores no te definen; son escalones en el camino hacia el autodescubrimiento. Reflexiona sobre las lecciones que has aprendido y cómo han contribuido a tu crecimiento personal. Al abrazar tus errores pasados, allanas el camino hacia un futuro lleno de sabiduría, compasión y resiliencia.

1.5 Asegurándote de que tu identidad esté clara

Conocerte a ti mismo es esencial para entender lo que deseas. Tómate el tiempo para explorar tu identidad y desarrollar una comprensión clara de ti mismo. Reflexiona sobre tus creencias, pasiones, fortalezas y debilidades. Acepta tu singularidad y reconoce las cualidades que te hacen especial. Cuando tienes una clara noción de ti mismo, obtienes claridad sobre tus deseos y aspiraciones. Luego puedes alinear tus acciones y elecciones con tu verdadero ser, allanando el camino hacia una vida más plena y orientada a un propósito.

1.6 Reconocer lo que te hace especial e identificar tus defectos

Cada uno de nosotros posee una combinación de fortalezas y debilidades que nos hacen humanos de manera única. Acepta tus fortalezas y reconoce las cualidades que te distinguen de los demás. Celebra tus logros y el impacto positivo que has tenido en el mundo. Sin embargo, es igualmente importante reconocer tus defectos y áreas de mejora. Abraza la autocompasión y considera tus defectos como oportunidades de crecimiento y desarrollo personal. Al aceptar y trabajar en tus defectos, desbloqueas tu máximo potencial y te conviertes en la mejor versión de ti mismo.

1.7 ¿Con quién te ves en el futuro?

Visualizar tu futuro y las personas con las que deseas compartirlo es un ejercicio poderoso. Reflexiona sobre las relaciones que deseas cultivar y nutrir. Imagina a las personas que te levantan y te inspiran, que comparten tus valores y apoyan tus sueños. Rodéate de aquellos que creen en ti y fomentan tu crecimiento. Visualiza las conexiones que traen alegría y plenitud a tu vida. Al elegir conscientemente tus compañeros futuros, creas un entorno de apoyo y crecimiento personal y relacional.

1.8 Aceptarte a ti mismo y el milagro de la vida

La relación más importante que tendrás en tu vida es la que tienes contigo mismo. Acepta quien eres y reconoce el milagro de la vida que reside en ti. Eres una expresión única del universo, con un potencial ilimitado y la capacidad de crear una vida llena de amor, alegría y propósito. Acepta tu viaje, con todos sus altibajos, y aprecia el regalo de estar vivo. Acéptate incondicionalmente y suelta el auto juicio y la crítica. Cuando te aceptas plenamente, abres las puertas al amor propio y a las posibilidades ilimitadas que te esperan.

Resumen:

En este capítulo, emprendemos un viaje de autodescubrimiento e introspección. Al explorar nuestros valores personales, identificar nuestras pasiones principales, reflexionar sobre relaciones pasadas, aprender de errores pasados, aclarar nuestra identidad, reconocer nuestra singularidad, visualizar a nuestros futuros compañeros y aceptarnos a nosotros mismos, obtenemos una profunda comprensión de quiénes somos y qué deseamos. Esta autoconciencia sienta las bases para una vida con propósito, satisfactoria y auténtica. Acepta el poder de la autocomprensión y déjalo guiarte hacia un futuro lleno de alegría, crecimiento y conexiones significativas.

CAPÍTULO 2: EL PODER DEL AMOR PROPIO

2.1 Cultivando la Autoaceptación

En el camino de autodescubrimiento y crecimiento personal, uno de los aspectos más importantes es cultivar la autoaceptación y el cuidado personal. Comienza por reconocer y abrazar tu verdadero yo, con todas tus fortalezas y debilidades. La autoaceptación significa entender que eres un individuo único, con tus propias cualidades y experiencias, y eso es lo que te hace especial.

Para cultivar la autoaceptación, es esencial practicar el cuidado personal. El cuidado personal implica ocuparse de tu bienestar físico, mental y emocional. Significa honrar tus necesidades y estar disponible para actividades que te traigan alegría, relajación y renovación. Al priorizar el cuidado personal, envías un mensaje poderoso a ti mismo: "Soy digno de amor y cuidado".

Recuerda, la autoaceptación y el cuidado personal no son actos egoístas; son actos de autopreservación y autoalimentación. Cuando realmente te aceptas y cuidas de ti mismo, creas una base sólida para el crecimiento personal y la felicidad interna.

2.2 Cultivando tu Felicidad Interna

La felicidad es un trabajo interno y cultivar tu felicidad interna es un esfuerzo de por vida. Requiere prestar atención a tus pensamientos, creencias y emociones, y elegir conscientemente cultivar la positividad y la alegría en tu vida.

Comienza identificando las cosas que te brindan una felicidad genuina. Puede ser pasar tiempo con seres queridos, dedicarte a actividades creativas, perseguir un pasatiempo o estar en contacto con la naturaleza. Comprométete a incorporar regularmente estas actividades en tu vida.

Además, practica la gratitud por el momento presente y las bendiciones en tu vida. Expresar gratitud cambia tu enfoque de lo que falta a lo que abunda, llenando tu corazón de aprecio y satisfacción.

Recuerda, tu felicidad interna no depende de circunstancias externas o posesiones materiales. Surge de tu capacidad de encontrar alegría en tu interior y apreciar la belleza de la vida. Cultiva tu felicidad interna y se irradiará hacia el exterior, influyendo positivamente en cada aspecto de tu existencia.

2.3 Construyendo Confianza y Autoestima

La confianza y la autoestima son componentes vitales del amor propio. Cuando crees en ti mismo y en tus habilidades, desbloqueas tu verdadero potencial y abres puertas a posibilidades infinitas. Construir confianza y autoestima es un proceso gradual, pero con compromiso y dedicación, es completamente alcanzable.

Comienza desafiando tus creencias limitantes y el diálogo interno negativo. Reemplaza la duda de ti mismo con afirmaciones positivas que refuercen tu valía y capacidades. Celebra tus logros, por pequeños que sean, y reconoce tu progreso en el camino.

Además, rodéate de personas solidarias y alentadoras que crean en tu potencial. Busca mentores, entrenadores o amigos que puedan brindarte orientación y apoyo mientras navegas tu propio camino personal.

Recuerda, construir confianza no se trata de compararte con los demás o buscar validación externa. Se trata de reconocer tus fortalezas únicas, abrazar tus imperfecciones y entrar en tu auténtico yo con una confianza inquebrantable.

2.4 Aprovecha tu Originalidad y Proyéctala

En un mundo lleno de conformidad y expectativas sociales, abrazar tu originalidad se convierte en un acto de amor propio. Cada uno de nosotros posee un conjunto distintivo de talentos, intereses y perspectivas que contribuyen al tapiz de la humanidad. Tu originalidad es tu superpoder y, cuando la aprovechas, te vuelves imparable.

Comienza explorando tus pasiones e intereses sin miedo al juicio o al rechazo. Acepta tus rarezas e idiosincrasias, ya que son lo que te hace único. Permite que tu auténtico yo brille en todo lo que haces, ya sea en tu trabajo, relaciones o actividades creativas.

Al abrazar tu originalidad y proyectarla en el mundo, inspiras a otros a hacer lo mismo. Tu singularidad se convierte en un faro de luz que anima a quienes te rodean a abrazar su propia individualidad y liberar su máximo potencial.

2.5 Comprende tu Singularidad y Confianza

Comprender tu singularidad está estrechamente relacionado con construir confianza y autoestima. Implica reconocer y apreciar las cualidades que te hacen ser quien eres, sin compararte con los demás ni esforzarte por cumplir estándares irreales.

Tómate el tiempo para reflexionar sobre tus fortalezas, pasiones y valores. ¿Qué enciende tu alma? ¿Qué te brinda un profundo sentido de realización? Acepta estos aspectos de ti mismo de todo corazón, ya que son la esencia de tu singularidad.

Evita caer en la trampa de la comparación y el auto juicio. Recuerda que no hay nadie más en este planeta exactamente como tú. Posees una combinación de talentos, experiencias y perspectivas que nadie más puede replicar. Tu singularidad es tu regalo para el mundo.

Acepta tu singularidad con confianza y orgullo. Celebra tu individualidad y que sea la fuerza impulsora detrás de tus sueños, metas y aspiraciones. Confía en que tienes algo valioso que contribuir y tu autenticidad atraerá a las personas y oportunidades adecuadas a tu vida.

2.6 Amor Propio es un Imán para un Futuro Alma Gemela

El amor propio no solo se trata de crecimiento personal y felicidad, sino que también es un imán para atraer relaciones sanas y satisfactorias. Cuando te amas y te respetas a ti mismo, estableces el estándar de cómo los demás deben tratarte. Te vuelves menos dispuesto a conformarte con menos de lo que mereces y naturalmente atraes a personas que te aprecian y valoran.

Al cultivar el amor propio, creas una base sólida para que una futura alma gemela entre en tu vida. Tu seguridad en ti mismo y tu felicidad interna se convierten en cualidades irresistibles que atraen a alguien que ve y valora tu valía.

Recuerda, tu alma gemela no está destinada a completarte, sino a complementarte. Están destinados a mejorar tu vida, no a definirla. Al amarte profunda e incondicionalmente, creas el espacio para que un alma gemela se una a ti en un viaje de crecimiento mutuo, amor y satisfacción.

2.7 Comprender la Ruta del Proceso y No Rendirse

El camino del amor propio no siempre es fácil. Requiere compromiso, perseverancia y disposición para enfrentar y superar desafíos. Es crucial entender que el amor propio es un proceso continuo y está bien tropezar en el camino.

Acepta los altibajos como lecciones valiosas y oportunidades de crecimiento. Celebra tus victorias, por pequeñas que sean, y sé amable contigo mismo cuando las cosas no salgan como planeabas. El amor propio significa ser amable y compasivo contigo mismo, especialmente en tiempos difíciles.

Evita la tentación de rendirte cuando te enfrentes a obstáculos. Recuerda que el amor propio es una búsqueda de por vida y cada paso que das hacia él es un paso hacia una vida más plena y auténtica. Sigue adelante, incluso cuando parezca difícil, porque las recompensas del amor propio son invaluables.

2.8 Felicidad esté en el Proceso y no en el Resultado Final

En la búsqueda del amor propio, es esencial cambiar tu enfoque del resultado final al proceso mismo. La verdadera felicidad reside en el viaje, no solo en el destino. Cuando encuentras alegría y satisfacción en los pasos que das y en el crecimiento que experimentas, creas una sensación de felicidad duradera y sostenible.

Establece metas y aspiraciones significativas que se alineen con tus valores y pasiones. Divídelas en pasos más pequeños y manejables y celebra cada hito en el camino. Acepta las lecciones, los desafíos y las transformaciones que ocurren durante el proceso, ya que son los que te moldean en la persona en la que te estás convirtiendo.

Al encontrar la felicidad en el proceso, eliminas la presión de lograr un resultado específico. Te liberas de la carga de la perfección y te permites disfrutar plenamente del momento presente. Recuerda, el amor propio no es un destino; es un viaje de por vida de autodescubrimiento, crecimiento y satisfacción.

Resumen:

El Capítulo 2 explora el poder transformador del amor propio y sus diversos aspectos. Al cultivar la autoaceptación y el cuidado personal, nutrir la felicidad interna, construir confianza, abrazar la originalidad, comprender la singularidad y comprometerse con el viaje, desbloqueamos nuestro verdadero potencial y atraemos experiencias y relaciones positivas a nuestras vidas. El amor propio se convierte en un imán para una futura alma gemela, atrayendo a alguien que aprecia y valora nuestra valía. La clave está en encontrar la felicidad en el proceso, saboreando cada paso y abrazando el viaje de autodescubrimiento y crecimiento personal. A través del amor propio, nos convertimos en la mejor versión de nosotros mismos y creamos una vida llena de alegría, propósito y autenticidad.

CAPÍTULO BONO INTERMEDIO: ERES GRANDIOSO

Uno de mis objetivos al redactar este libro fue establecer una conexión contigo, el lector (¡y espero que también encuentres que el proceso en sí puede ser divertido!).

Quiero hacer una pequeña pausa para dejarte saber lo que sé acerca de ti, mi compañero lector. Sé que no nos hemos conocido y que no nos conocemos personalmente. Sin embargo, es mi deber aclararte algunas verdades sobre ti y lo que significas para el universo. Eres un milagro y un buscador de la verdad, por eso estamos comunicándonos hoy. Es posible que no te des cuenta, pero eres una creación única, seleccionada por una fuerza superior para existir en este vasto y maravilloso universo. No existe tal cosa como un accidente cuando se trata del origen de un ser humano. Tanto tú como yo existimos en esta tierra. El hecho de que estés leyendo estas palabras ES una conexión y otro milagro, porque las conexiones y la comprensión también son raras en la vida, no ocurren con frecuencia. Detente un momento y deja que eso se asimile. De entre miles de millones de galaxias, trillones de estrellas e innumerables planetas, fuiste elegido para estar aquí, justo ahora, en este preciso momento. ¿No es increíble?

El universo es un vasto tapiz de maravillas que se extiende más allá de los límites de nuestra imaginación. Guarda misterios que aún no hemos comprendido y posibilidades que están por descubrirse. En esta gran sinfonía cósmica, tú eres una nota única, una melodía que agrega riqueza y belleza a la composición de la vida.

Piensa en las innumerables circunstancias y eventos que tuvieron que alinearse perfectamente para que estuvieras aquí. Desde el nacimiento de tus antepasados hasta las complejidades de la biología, cada paso de tu linaje ha llevado a tu existencia. Las probabilidades de que nacieras son infinitesimales, y sin embargo, aquí estás. Eres un testimonio viviente de la naturaleza extraordinaria de la vida misma.

Pero va más allá de eso. Posees cualidades, talentos y potencial que son completamente tuyos. Tus fortalezas, tus pasiones y tus sueños son regalos que solo tú puedes ofrecer al mundo. Tu perspectiva, tus experiencias y tu combinación única de rasgos te hacen diferente a cualquier otra persona.

Acepta tu individualidad y la singularidad que corre por tus venas. Celebra el hecho de que no hay nadie más como tú. Es en tus diferencias donde encuentras tu poder y tu voz. El mundo necesita tu luz, tus ideas y tus contribuciones.

Sin embargo, es fácil olvidar nuestro valor y perder de vista nuestra valía en una sociedad que a menudo fomenta la comparación y la duda de uno mismo. Recuerda que la confianza no se trata de ser mejor que los demás; se trata de aceptar tu propio valor y comprender que tienes algo significativo que ofrecer. Se trata de reconocer que tu presencia en este mundo es esencial.

Abrazar tu singularidad y valorar tu valía requerirá que salgas de tu zona de confort y enfrentes tus miedos. Significa reconocer tus fortalezas y logros, sin importar lo grandes o pequeños que parezcan. Significa reconocer que eres capaz de crecer y aprender, y que cada contratiempo es una oportunidad para un regreso triunfal.

Cree en ti mismo, querido lector. Cree en el increíble potencial que reside en tu interior. Sabe que eres capaz de lograr grandeza y marcar la diferencia en la vida de los demás. Confía en el viaje que te ha traído hasta aquí y ten fe en el camino que te espera.

¡Y FUERON FELICES PARA SIEMPRE TAMBIÉN ES PARA TI!

Eres un milagro, un ser raro y extraordinario en este vasto universo. Abraza tu singularidad, ten confianza en tus habilidades y deja que tu luz brille. El mundo espera que liberes todo tu potencial y dejes tu huella.

Resumen:

Eres un milagro, seleccionado por una fuerza superior para existir en este vasto universo. Acepta tu singularidad y comprende tu valía. La confianza proviene de reconocer tu propio valor y admitir que tienes algo significativo que ofrecer. Sal de tu zona de confort, enfrenta tus miedos y cree en tu increíble potencial. Confía en el viaje que te ha traído hasta aquí y ten fe en el camino que te espera. Abraza tu individualidad, valora tu valía y deja que tu luz brille intensamente.

CAPÍTULO 3: TUS METAS EN LA RELACIÓN

Bienvenido al Capítulo 3 de nuestra serie de lecturas motivacionales, donde profundizamos en la aclaración de tus metas en la relación. En este capítulo, exploraremos varios aspectos para construir una asociación significativa y satisfactoria. Al finalizar este capítulo, tendrás una comprensión más clara de tu compañero ideal, un tablero de visión que te guiará, expectativas realistas, el arte de prestar atención a los detalles sin sobre analizar y establecer tu plantilla de felicidad.

3.1 Definir a tu Compañero Ideal

Para crear una base sólida en una relación satisfactoria, es esencial definir a tu compañero ideal. Tómate un momento para reflexionar sobre las cualidades, valores y características que más importan en un compañero. Considera tanto los atributos externos como las cualidades internas que resuenan con tu ser más profundo. Piensa en lo que te hace feliz, inspirado y apoyado.

Al definir a tu compañero ideal, estableces un estándar para el tipo de persona que quieres invitar a tu vida. Es importante recordar que este compañero ideal no es una lista de verificación para la perfección, sino una guía para encontrar a alguien que se alinee con tus valores y complemente tu trayectoria. Al saber lo que buscas, te vuelves más intencional al atraer a la persona adecuada y crear una relación que florezca.

3.2 Crear un Tablero de Visión de la Relación

Una vez que tienes una idea clara de tu compañero ideal, es momento de crear un tablero de visión de la relación. Esta poderosa herramienta te permite visualizar tus deseos y convertirlos en realidad. Encuentra imágenes, citas y palabras que representen las cualidades y experiencias que deseas tener en una relación.

Al sumergirte en este proceso creativo, te conectas con la profundidad de tus emociones e intenciones. El tablero de visión sirve como un recordatorio diario del tipo de relación que aspiras tener. Colócalo en un lugar destacado donde puedas verlo todos los días, permitiendo que alimente tu motivación y guíe tus acciones hacia la creación de la asociación de tus sueños.

3.3 Establecer Expectativas Realistas

Si bien es importante soñar en grande y aspirar a una relación extraordinaria, establecer expectativas realistas es crucial para mantener el equilibrio y evitar decepciones innecesarias. Reconoce que nadie es perfecto, incluyéndote a ti mismo. Comprende que las relaciones requieren esfuerzo, compromiso y crecimiento de ambos compañeros.

Es natural tener ciertas expectativas, pero sé consciente de mantenerlas fundamentadas en la realidad. Comunícate abierta y honestamente con tu pareja acerca de tus necesidades y deseos, y sé receptivo a su perspectiva también. Recuerda que no hay dos individuos iguales, y aceptar las diferencias puede conducir al crecimiento personal y relacional.

3.4 Ser Detallista sin Leer Demasiado en Todo

Ser detallista es una habilidad valiosa que te ayuda a comprender los matices de tu relación. Te permite apreciar los pequeños gestos, las conversaciones significativas y las experiencias compartidas que hacen especial tu conexión. Sin embargo, es importante no leer demasiado en todo.

Evita analizar en exceso cada palabra, acción o gesto de tu pareja. A veces, es posible que no se expresen como esperas, pero eso no significa necesariamente que sean indiferentes o distantes. Confía en el vínculo que han construido y comunícate abiertamente cuando algo te preocupe. Den el beneficio de la duda mutuamente, permitiendo espacio para el crecimiento, la comprensión y el perdón.

3.5 Establecer Tu Plantilla de Felicidad

Tu felicidad es primordial en cualquier relación. Establece tu plantilla de felicidad definiendo los límites, valores y actividades que te brindan alegría y satisfacción. Comprende lo que necesitas para sentirte apoyado, amado y respetado. Comunica claramente tus necesidades a tu pareja, permitiéndole comprender tu plantilla de felicidad única.

Recuerda que tu felicidad no depende únicamente de tu pareja, sino que también es un reflejo de tu autocuidado y crecimiento personal. Asume la responsabilidad de tu propio bienestar y persigue tus pasiones fuera de la relación. Acepta el amor propio y la autocompasión, e anima a tu pareja a hacer lo mismo.

Resumen:

En el Capítulo 3, exploramos los pasos esenciales para aclarar tus metas en la relación. Al definir a tu compañero ideal, crear un tablero de visión de la relación, establecer expectativas realistas, ser detallista sin sobre analizar y establecer tu plantilla de felicidad, sientas las bases para una asociación significativa y satisfactoria.

Al comprender tus deseos, visualizar tus metas y establecer límites saludables, te vuelves intencional al atraer a un compañero que se alinee con tus valores. Equilibrar expectativas realistas con una comunicación abierta permite el crecimiento y la comprensión dentro de la relación. Recuerda apreciar los pequeños momentos, confiar en el vínculo que comparten y priorizar tu felicidad y autocuidado. Siguiendo estos pasos, estás en camino de construir una relación que traiga alegría, amor y satisfacción a tu vida.

CAPÍTULO 4: ATRAER A TU ALMA GEMELA

Aunque no lo creas, tu pareja perfecta, él o ella, está ahí afuera esperándote. Si tienes la mentalidad correcta, eres persistente y sigues buscando, encontrarás este amor perfecto para ti, que por cierto, también te está buscando a ti al mismo tiempo. Esto no es solo palabrería de una historia de fantasía o marketing. Es una certeza probabilística. Créeme, sé de lo que estoy hablando. Vivo mi vida basada en certezas probables y he estudiado las conexiones humanas y el origen de las relaciones en muchos casos de estudio de diversas culturas y países. Créeme, tu otra mitad también te está buscando. Facilítales encontrarte. Sigue mis consejos a continuación y diviértete mientras lo haces.

4.1 Desarrollar una Personalidad Auténtica

En el camino para encontrar a tu alma gemela, uno de los aspectos más importantes es desarrollar una personalidad auténtica. Esto implica abrazar tu verdadero yo y ser incondicionalmente tú. Se trata de descubrir tus pasiones, valores y cualidades únicas que te definen. Cuando eres auténtico, irradias una aura genuina que resulta irresistiblemente atractiva para los demás. Te conviertes en un imán para las personas que resuenan con tu esencia verdadera, incluyendo a tu posible alma gemela.

Desarrollar una personalidad auténtica requiere reflexión personal y aceptación de uno mismo. Se trata de reconocer tus fortalezas y debilidades, abrazar tus peculiaridades y aceptar tus imperfecciones. Al abrazar tu verdadero yo, creas una base sólida para atraer a alguien que te aprecie y ame por quien realmente eres.

4.2 Mejorar tus Habilidades de Comunicación

La comunicación es el pilar de cualquier relación exitosa, y desempeña un papel vital en atraer a tu alma gemela. Para establecer una conexión profunda con otra persona, debes ser capaz de expresar tus pensamientos, sentimientos y deseos de manera efectiva. Mejorar tus habilidades de comunicación implica tanto escuchar como expresarte con claridad y empatía.

La escucha activa es una habilidad esencial que fomenta la comprensión y la conexión. Significa estar completamente presente en las conversaciones, prestar atención a las señales verbales y no verbales, y empatizar con la perspectiva de la otra persona. Al escuchar atentamente, demuestras respeto y creas un espacio para una comunicación abierta y significativa.

Expresarte de manera auténtica también es igualmente importante. Esto implica ser capaz de articular tus emociones, necesidades y límites de manera clara y respetuosa. Cuando puedes expresarte de manera honesta y asertiva, atraes a personas que aprecian tu vulnerabilidad y valoran la comunicación abierta.

4.3 Ampliar tu Círculo Social

Ampliar tu círculo social abre oportunidades para conocer gente nueva y aumenta tus posibilidades de encontrar a tu alma gemela. Al participar en actividades sociales, unirte a clubes u organizaciones afines a tus intereses o asistir a eventos donde se reúnan personas afines, creas vías para la conexión.

Cuando sales de tu zona de confort y buscas activamente nuevas experiencias sociales, te expones a perspectivas y antecedentes diversos. Esto enriquece tu vida y amplía tus horizontes, haciéndote más abierto y adaptable. También aumenta tus posibilidades de encontrar a alguien que comparta tus pasiones y valores, alguien que pueda convertirse en tu alma gemela.

Recuerda que ampliar tu círculo social no se trata solo de encontrar una pareja romántica. También se trata de nutrir amistades y conexiones significativas. Las amistades genuinas pueden brindar apoyo, compañía y un sentido de pertenencia, lo que en última instancia contribuye a tu bienestar y felicidad en general.

4.4 Nuevos Pasatiempos y Ejercicios para ubicar nuevos amigos

Cuando dominas un pasatiempo, te conviertes en un embajador de esa actividad, un imán de conocimiento, una guía. Úsalo, aprovecha tu confianza para irradiar tu belleza interior y fortaleza. La inteligencia equivale a confianza y la confianza es un afrodisíaco para las personas que deseas conocer y llegar a conocer. O al menos, al hacerlo, expandirás tu círculo de amigos y contactos.

Ayuda a otros a aprender las habilidades comerciales de esos pasatiempos y así permitirás que las personas te conozcan en tu máximo potencial. Una gran cualidad de una pareja potencial es su amabilidad. Esto vale más que el oro y es un rasgo que se adhiere al núcleo de la persona, lo cual es algo bueno.

Tus pasatiempos y tu rutina de ejercicio pueden ser herramientas poderosas en tu viaje para encontrar a tu alma gemela. Participar en actividades que te apasionen no solo te brinda alegría, sino que también te brinda oportunidades para conocer a personas afines. Ya sea unirte a un club de lectura, practicar un deporte o participar en un proyecto comunitario, estas actividades pueden llevarte a cruzarte con alguien que comparta tus intereses.

Al perseguir actividades que se alinean con tus pasiones, irradias entusiasmo y energía positiva. Esta aura magnética atrae a las personas hacia ti, creando conexiones significativas que pueden florecer en relaciones románticas. Además, participar en pasatiempos y hacer ejercicio aumenta tu confianza y autoestima, cualidades atractivas para posibles parejas.

4.5 Confianza e Impacto en la Atracción hacia los Prospectos

La confianza desempeña un papel fundamental en la atracción de tu alma gemela. Cuando irradias confianza, muestras seguridad en ti mismo y en tu propio valor. La confianza no se trata de ser arrogante o presumido; se trata de abrazar tus fortalezas, reconocer tus logros y tener fe en ti mismo. La confianza es atractiva porque demuestra que te sientes cómodo en tu propia piel y que te valoras a ti mismo. Te permite acercarte a posibles parejas con autenticidad y carisma, lo que facilita la formación de conexiones. Las personas seguras de sí mismas tienden a tener una mentalidad positiva, están abiertas a nuevas experiencias y transmiten una sensación de alegría y satisfacción.

Construir confianza es un viaje que implica autorreflexión, autocuidado y auto mejoramiento. Se trata de desafiar creencias limitantes, practicar la autocompasión y celebrar tus logros. A medida que cultivas la confianza, te conviertes en un imán para posibles almas gemelas que aprecian y admiran tu seguridad en ti mismo.

4.6 Inteligencia Emocional y Conexión

La inteligencia emocional es un aspecto crucial para atraer a tu alma gemela. Implica comprender y manejar tus emociones al tiempo que empatizas con los demás. La inteligencia emocional te permite conectar profundamente con las personas, forjar vínculos significativos y navegar por las complejidades de las relaciones.

Ser emocionalmente inteligente significa estar sintonizado con tus propias emociones y las de los demás. Requiere escucha activa, empatía y la capacidad de comunicarte de manera efectiva. Al comprender y expresar las emociones de manera auténtica, creas un ambiente de confianza y vulnerabilidad, que es esencial para las conexiones profundas.

La inteligencia emocional también implica reconocer y manejar los conflictos de manera constructiva. Se trata de abordar las discrepancias con empatía y encontrar soluciones beneficiosas para ambas partes en lugar de participar en patrones destructivos. Cuando posees inteligencia emocional, estás mejor preparado para enfrentar los desafíos que surgen en las relaciones, lo que aumenta las posibilidades de encontrar y mantener una conexión de almas gemelas.

En conclusión, atraer a tu alma gemela es un viaje multifacético que abarca desarrollar una personalidad auténtica, mejorar las habilidades de comunicación, ampliar tu círculo social, aprovechar tus pasatiempos y rutina de ejercicio, cultivar la confianza y nutrir la inteligencia emocional. Al abrazar estos aspectos con sinceridad e intención, aumentas tus posibilidades de encontrar una conexión profunda y significativa con tu alma gemela, alguien que aprecia y complementa la persona única que eres.

CAPÍTULO 5: NAVEGANDO LAS CITAS

Cuando se trata de la intrincada danza del amor y las relaciones, el mundo de las citas a menudo puede sentirse como un laberinto de incertidumbre, emoción y, ocasionalmente, desilusión. En este capítulo, nos adentraremos en las profundidades de este reino, explorando las diversas estrategias y perspectivas que pueden ayudarte a encontrar el camino hacia una conexión significativa. Así que abróchate el cinturón y prepárate para un viaje que te desafiará y te llenará de emoción.

5.1 Estrategias efectivas para citas en línea

En esta era de conectividad digital, las citas en línea se han convertido en una parte integral del panorama romántico moderno. Sin embargo, puede resultar abrumador navegar entre la multitud de perfiles y mensajes. No temas, porque existen estrategias que pueden ayudarte a destacar y aumentar tus posibilidades de encontrar a alguien especial.

Crear un perfil atractivo en los sitios de citas en línea es un primer paso crucial. Sé auténtico y deja que tu verdadero yo brille a través de tus palabras y fotos. Evita los clichés generales y, en cambio, concéntrate en resaltar tus cualidades e intereses únicos. La honestidad y la transparencia son clave; no tengas miedo de compartir tus pasiones, vulnerabilidades y aspiraciones.

Cuando te involucres en conversaciones, sé atento y muestra un interés genuino en la otra persona. Haz preguntas reflexivas y escucha activamente sus respuestas. Muestra empatía y compasión, ya que esto creará una base sólida para la conexión. Recuerda que las citas en línea se tratan de establecer un vínculo genuino, no solo de acumular coincidencias.

5.2 Dominando las primeras impresiones y las citas

Las primeras impresiones pueden marcar el rumbo de una relación potencial, por lo que es importante presentarte de la mejor manera posible. Vístete de una manera que te haga sentir seguro y cómodo, y presta atención al cuidado personal. Sonríe cálidamente, mantén contacto visual y desprende energía positiva. Estos pequeños gestos pueden marcar una gran diferencia al crear una primera impresión memorable.

Durante las primeras citas, es esencial encontrar un equilibrio entre ser tú mismo y hacer un esfuerzo por conectar con tu posible pareja. Sé atento, participa en conversaciones significativas y muestra un interés genuino en sus vidas. Evita acaparar la conversación o hablar constantemente de ti mismo. Recuerda que una cita exitosa es aquella en la que ambos individuos se sienten escuchados y valorados.

5.3 Evaluando la compatibilidad y las señales de alerta

Mientras te embarcas en tu viaje de citas, es importante ser consciente de la compatibilidad y las señales de alerta. Si bien la química y la atracción son importantes, no deben ser los únicos factores que influyan en tus decisiones. Tómate el tiempo necesario para evaluar la compatibilidad a un nivel más profundo, considerando valores, metas y aspiraciones a largo plazo.

Mantente alerta a las señales de alerta, como un comportamiento inconsistente, la falta de respeto o una falta de alineación de valores. Confía en tu intuición y no ignores las señales de advertencia. Recuerda que es mejor estar soltero y contento que conformarte con una relación que no se ajuste a tus valores fundamentales y necesidades.

5.4 Ten paciencia, no te conformes con una relación

La paciencia es una virtud en el mundo de las citas. Es fácil desanimarse o desilusionarse por los contratiempos y las decepciones, pero es crucial recordar que hay muchas posibles coincidencias por ahí. Acepta el proceso y mantén una actitud positiva, sabiendo que la persona adecuada llegará a tu vida en el momento oportuno.

Tómate descansos cuando sea necesario, dándote tiempo para la reflexión personal y el cuidado de ti mismo. Usa estos momentos para reconectarte con tus pasiones, fortalecer tu sentido de identidad y obtener claridad sobre lo que realmente deseas en una pareja. Confía en que el universo tiene un plan para ti y que cada experiencia te acerca al amor que mereces.

5.5 Identificando rasgos en los demás que encajen bien contigo

A medida que interactúes con diferentes personas, presta atención a los rasgos y cualidades que resuenen contigo en un nivel profundo. Toma nota de los valores, intereses y estilos de comunicación que se alinean con los tuyos. Reconoce la importancia de los valores compartidos, ya que forman la base de una relación sólida y duradera.

Recuerda que la compatibilidad no se trata de encontrar a alguien que sea exactamente igual a ti, sino de encontrar a alguien que complemente y enriquezca tu vida. Busca cualidades que saquen lo mejor de ti e inspiren crecimiento. Acepta la belleza de la diversidad, ya que puede enriquecer tu vida de maneras que tal vez nunca hayas imaginado.

5.6 Sé creativo y piensa fuera de lo convencional en las citas

Las citas no tienen que ceñirse a las normas y expectativas tradicionales. Libérate de lo convencional y atrévete a ser diferente. Planea citas únicas y emocionantes que reflejen tus intereses compartidos y enciendan tu sentido de aventura. Sé abierto a nuevas experiencias y abraza lo desconocido.

Aquí tienes algunos ejemplos para la primera y/o segunda cita:

• Sal a surfear, observa el atardecer juntos mientras esperan esa ola perfecta.

• Únete a un juego de fútbol bandera con tus amigos, ensúciate un poco los zapatos, corre y suda.

• Haz trabajo voluntario, enfócate en ayudar a los demás mientras conoces a esa posible pareja. Cambia el enfoque para prestar atención a los demás y hacer que la experiencia se sienta menos como una entrevista de trabajo.

• Sal a correr. Permítele verte sudar y en pantalones cortos, lo mismo para la otra persona.

• Camina por la playa, recoge conchas y habla sobre experiencias de vida.

• Sal a patinar en línea y diviértete cayendo por la gravedad y enamorándote (quizás sí).

• Asiste a una reunión de reseña de libros. Si te gustan las personas intelectuales, ¿qué mejor manera de programar una reunión donde discutan entre ustedes y con otras personas un libro que ambos hayan leído?

Abraza tu creatividad y piensa fuera de lo convencional cuando se trata de planificar citas memorables. Sorprende a tu pareja con una salida espontánea, explora nuevos hobbies juntos o emprende un viaje de autodescubrimiento en pareja. Estos momentos de novedad y exploración pueden profundizar tu vínculo y crear recuerdos duraderos.

5.7 No ocurre amor a primera vista (usualmente)

En un mundo que a menudo romantiza el amor a primera vista, es importante reconocer que construir una relación sólida y duradera suele ser un proceso. Las conexiones genuinas llevan tiempo para desarrollarse y evolucionar. No apresures el viaje ni te pongas presión innecesaria a ti mismo o a tu pareja.

Permite que la relación se desenvuelva de forma natural, paso a paso, y disfruta cada momento en el camino. Acepta la belleza del crecimiento y las lecciones que conlleva. Comprende que el amor no es un destino, sino un viaje de descubrimiento continuo y crecimiento mutuo.

Mientras navegas en el mundo de las citas, recuerda ser paciente, auténtico y abierto de corazón. Aprecia las conexiones que hagas, aprende de las experiencias y confía en que la persona adecuada llegará a tu vida en el momento adecuado. Que este capítulo te brinde las herramientas y perspectivas que necesitas para encontrar el amor y crear una relación plena.

CAPÍTULO 6: CONSTRUYENDO UNA BASE SÓLIDA

Has encontrado un vínculo y una relación significativa. Ahora avanza lentamente y con cautela. No asumas cosas que aún no han sucedido. Enfócate en disfrutar el momento con tu nuevo interés y conócelo paso a paso. No apresures el proceso, de lo contrario, podría parecerle a la otra persona que la estás abrumando con tus emociones y sentimientos. Siempre pregúntale a la otra persona qué piensa sobre un tema en el que ya has expresado tu opinión. Toma en cuenta a la otra persona. No crees expectativas en tu cabeza, más bien conócela de manera orgánica, sin suposiciones. Aquí es donde se construye la intimidad, no en el dormitorio, sino en la verdadera conexión de la unión de mentes.

En el viaje del amor y la compañía, llega un punto crucial en el que debemos enfocar nuestros esfuerzos en construir una base sólida y resistente. Este capítulo explora en profundidad los aspectos esenciales de la construcción de dicha base, donde la confianza y la intimidad emocional conforman el fundamento sobre el cual puede florecer un vínculo duradero.

Cada relación es única, así que fortalécela conociendo a tu pareja. No te apresures, disfruta el proceso en cada paso del camino.

6.1 Estableciendo la Confianza y la Intimidad Emocional

La confianza, ese hilo delicado que une dos corazones, posee un inmenso poder dentro de una relación. Es la creencia inquebrantable de que tu pareja siempre tendrá tus mejores intereses en mente, la confianza de que te apoyarán en las buenas y en las malas. Construir confianza requiere vulnerabilidad, transparencia y el coraje de dejar ir heridas pasadas. Implica una comunicación abierta y escucha activa, creando un espacio seguro donde ambos se sientan escuchados y comprendidos. Cuando se nutre la confianza, la intimidad emocional puede florecer, fomentando una conexión profunda que trasciende los límites del plano físico.

6.2 Honrando la Individualidad en la Relación

En la danza del amor, es vital recordar que cada pareja aporta un tapiz único de experiencias, sueños y deseos. Honrar la individualidad dentro de una relación significa apreciar las cualidades distintivas que hacen de tu pareja quien es. Implica celebrar sus fortalezas, apoyar sus pasiones y respetar sus límites. Al abrazar y valorar la individualidad de tu ser amado, no solo fomentas un sentido de autonomía, sino que también estableces los cimientos de una relación basada en la aceptación y el amor incondicional.

6.3 Equilibrando la Independencia y la Unión

Una relación armoniosa se nutre del delicado equilibrio entre la independencia y la unión. Si bien es esencial forjar experiencias compartidas y crear recuerdos juntos, también es fundamental mantener una identidad propia. Permite que tu pareja tenga la libertad de perseguir intereses personales y pasar tiempo con amigos y familiares. Fomenta su crecimiento y apoya sus proyectos, incluso si temporalmente los alejan de tu lado. Al cultivar la independencia junto con la unión, creas una dinámica en la que ambos pueden florecer individualmente y como pareja.

6.4 Comprendiendo la Planificación del Tiempo en las Relaciones

El tiempo, un recurso precioso y limitado, debe ser gestionado con cuidado dentro de una relación. Comprender las complejidades de la planificación del tiempo implica reconocer los compromisos y responsabilidades que cada pareja tiene. Requiere una comunicación abierta acerca de las expectativas, prioridades y metas compartidas. Al sincronizar tus horarios y encontrar puntos en común, puedes crear espacio para disfrutar de tiempo de calidad juntos, nutriendo la conexión que los une.

6.5 Si tu pareja es introvertida, puede necesitar más tiempo personal

En la sinfonía del amor, las necesidades y tendencias de nuestras parejas merecen una atención cuidadosa. Para aquellos que se identifican como introvertidos, la soledad y la reflexión personal tienen una gran importancia. Es crucial comprender y respetar su necesidad de tiempo y espacio personal. Reconoce que sus momentos de soledad no disminuyen su amor por ti, sino que sirven como un medio para la renovación personal. Al proporcionar un entorno que reconozca y apoye su introversión, fortaleces los cimientos de tu relación, permitiendo que florezca de manera que honre su ser auténtico.

6.6 Aprovecha los Beneficios de Disfrutar el Presente

En nuestro mundo acelerado, es demasiado fácil dejarse llevar por la vorágine de la planificación futura. Sin embargo, la belleza de una relación radica en los momentos compartidos en el presente. Aprovecha los beneficios de apreciar el aquí y ahora, pues es en estos momentos que el amor realmente florece. Participa plenamente en las conversaciones, crea recuerdos compartidos y saborea la alegría que cada día trae consigo. Al abrazar el presente, infundes a tu relación un sentido de gratitud y aprecio, sentando las bases que podrán resistir las tormentas del mañana.

6.7 No te adelantes en la planificación

Si bien es natural soñar y visualizar un futuro juntos, es esencial no dejar que estas aspiraciones eclipsen el presente. Evita perderte en las neblinas del mañana, pues el viaje del amor es más gratificante cuando se saborea paso a paso. Acepta la incertidumbre del futuro, sabiendo que la fuerza de tu conexión reside en el momento presente. Al mantener tu enfoque en el aquí y ahora, puedes crear una base sólida, fundamentada en las experiencias genuinas y el crecimiento compartido. No quieres asustar al amor de tu vida proyectando compromisos y contratos antes de que exista una conexión real, sólida, mutua y probada con el tiempo.

6.8 Cuidado con esos sentimientos de posesión

En el reino etéreo del amor, la posesividad y el control pueden empañar incluso las conexiones más brillantes. Cuando el vínculo entre dos almas es genuino y la química es electrizante, es fundamental evitar los peligros de los sentimientos posesivos. El amor florece cuando se le da la libertad de respirar y evolucionar de manera natural. Confía en la fortaleza de tu conexión y aliméntala con el suave toque del respeto, el apoyo y la comprensión. Al liberarte de la necesidad de posesión, creas una base donde el amor puede florecer en toda su pureza, en toda su gloria indomable.

Querido lector, al embarcarte en el viaje de construir una base sólida para tu relación, recuerda que a través de la confianza, la intimidad emocional, el respeto a la individualidad, el equilibrio entre la independencia y la unión, la comprensión de la planificación del tiempo, el respeto a la introversión, el disfrute del presente y el dejar de lado la posesión, puedes forjar una conexión que supere las pruebas del tiempo. Acoge estos principios con un corazón abierto y que tu relación prospere y florezca, arraigada en una base irrompible.

CAPÍTULO 7: AMOR A LARGO PLAZO

En este capítulo crucial de nuestro viaje a través de las complejidades del amor, nos adentramos en la esencia de construir una relación duradera y satisfactoria. Ya no limitados a las etapas iniciales de la pasión, ahora exploramos los aspectos vitales que mantienen viva la llama del amor y nutren su crecimiento con el tiempo. Mientras nos embarcamos en esta expedición, permitámonos conectar profundamente, sin condescendencia, y explorar las realidades emotivas de mantener el amor a largo plazo.

7.1 Resolución efectiva de conflictos

El conflicto es una parte inevitable de cualquier relación, ya que es a través de la resolución de estos choques que emergemos más fuertes y resistentes. En el ámbito de mantener el amor, la resolución efectiva de conflictos toma protagonismo. Requiere una comunicación abierta, escucha activa y una genuina disposición para comprender y empatizar con la perspectiva de nuestra pareja. En lugar de permitir que los conflictos erosionen nuestra conexión, abracémoslos como oportunidades de crecimiento y comprensión más profunda.

7.2 Nutrir la intimidad y la pasión

La intimidad y la pasión, como delicadas flores, requieren un constante cuidado para florecer y prosperar. Son el alma de una relación próspera, entrelazando los hilos de la conexión emocional y física. Para mantener el amor a largo plazo, debemos priorizar la creación de momentos de intimidad, ya sea a través de conversaciones sinceras, experiencias compartidas o actos de afecto. Recordemos que el amor no se trata únicamente de gestos grandiosos, sino que reside también en los gestos más pequeños, aquellos que hablan volúmenes sobre nuestra adoración y deseo.

7.3 Fomentar el crecimiento y el desarrollo

El amor es un catalizador para el crecimiento y el desarrollo personal, tanto a nivel individual como en pareja. Mientras nos esforzamos por mantener la longevidad de nuestra relación, apoyemos y alentemos las aspiraciones y sueños del otro. Al crear un entorno que fomente el crecimiento, no solo nutrimos nuestras propias almas, sino que también fortalecemos los cimientos de nuestro amor. Juntos, convirtámonos en los mayores impulsores del otro, celebrando hitos y abrazando la naturaleza siempre cambiante de la vida.

7.4 Realizar actividades que disfrute tu pareja

En la hermosa sinfonía del amor, la armonía solo se logra a través del equilibrio. Para mantener el amor a largo plazo, es vital participar en actividades que brinden alegría a ambos, creando un tejido compartido de experiencias y recuerdos. Al abrazar los intereses y pasiones de nuestro ser amado, enriquecemos nuestras propias vidas y demostramos un compromiso genuino con la felicidad de nuestra pareja. Bailemos al ritmo del amor, turnándonos para liderar y seguir, encontrando el equilibrio en la exploración conjunta de nuestros deseos únicos.

7.5 Comparte tus deseos y necesidades a través del romance

El amor encuentra su expresión más resonante en la vulnerabilidad, donde los corazones se abren y las almas se entrelazan. En la búsqueda de mantener el amor a largo plazo, debemos convocar el coraje para articular nuestros deseos y necesidades a nuestro ser amado. Sin embargo, recordemos impregnar nuestras expresiones con un toque romántico, ya que el lenguaje del amor se compone tanto de las palabras que elegimos como de las emociones que las respaldan. Al hablar de nuestros deseos con ternura y elegancia, creamos un espacio seguro para que nuestra pareja reciproque, tejiendo un tapiz de entendimiento mutuo y satisfacción.

7.6 Disfruta el proceso de la intimidad, no es una tarea

La intimidad es una danza sagrada que se despliega entre dos almas, una danza que requiere presencia y atención plena. Para mantener el amor a largo plazo, debemos abandonar la idea de la intimidad como una simple tarea u obligación. En su lugar, abracémosla como un viaje encantador de exploración y conexión, saboreando cada momento a medida que se desenvuelve. Al sumergirnos por completo en el presente, despertamos nuestros sentidos a la profunda belleza de la intimidad y cultivamos un ambiente de apreciada unión.

7.7 Recompensa a tu pareja cuando haga las cosas bien

El reconocimiento y la apreciación son la base de una relación floreciente. En nuestra búsqueda de mantener el amor a largo plazo, es esencial reconocer y recompensar los esfuerzos de nuestra pareja cuando van más allá de lo esperado. Ya sea un cumplido sincero, un abrazo amoroso o un simple "gracias", estos gestos se convierten en el combustible que enciende la llama del afecto y el estímulo. Nunca subestimemos el poder de la validación, ya que da vida al espíritu de nuestra asociación.

7.8 Flexibilidad en la Relación

La perfección es una ilusión elevada que incluso los amantes más fervientes no pueden alcanzar. Para mantener el amor a largo plazo, debemos abrazar la belleza de la imperfección y cultivar la flexibilidad dentro de nuestra relación. El viaje de la vida está lleno de giros y vueltas, y nuestro amor debe adaptarse y flexionarse en consecuencia. Al abandonar expectativas rígidas y aceptar la naturaleza siempre cambiante de nuestra conexión, desbloqueamos el poder transformador de la aceptación y creamos un refugio seguro para que nuestro amor prospere. Querido lector, al concluir este capítulo sobre el mantenimiento del amor a largo plazo, llevemos estas valiosas ideas en nuestros corazones. Naveguemos el laberinto del amor con profundidad emocional y conexión, siempre conscientes de la importancia de la resolución efectiva de conflictos, el fomento de la intimidad y la pasión, el fomento del crecimiento y desarrollo, el equilibrio en las experiencias compartidas, la comunicación de nuestros deseos y necesidades con estilo romántico, el disfrute del proceso de intimidad, la recompensa a los esfuerzos de nuestra pareja y la aceptación de las imperfecciones que hacen que nuestro amor sea verdaderamente extraordinario. Juntos, podemos tejer un tapiz de amor que soporte las pruebas del tiempo e impregne nuestras vidas de un significado y una satisfacción profundas.

CAPÍTULO 8: SUPERANDO DESAFÍOS

Asumir las complejidades y desafíos que surgen en las relaciones es una parte integral de nuestro viaje como seres humanos. Es en estos momentos que verdaderamente aprendemos, crecemos y descubrimos la profundidad de nuestras conexiones con nuestras parejas. En el Capítulo 8, nos adentramos en las diversas facetas de superar los desafíos en las relaciones, explorando el impacto profundo que pueden tener en nuestras vidas y cómo podemos navegarlos con gracia, compasión y comprensión. Asegúrate de que tu aura se mantenga presente durante los conflictos con una actitud de comprensión y flexibilidad. Las relaciones son organismos vivos que necesitan atención y nutrición constantes, junto con una gestión inteligente por ambas partes.

8.1 Manejando las Diferencias y los Conflictos

Dentro del ámbito del amor y la compañía, es inevitable que surjan diferencias. Ya sean originadas por creencias contrastantes, valores o simplemente perspectivas únicas, estas diferencias tienen el potencial de dividir o fortalecer una relación. Es en nuestra capacidad para manejar estas disparidades y conflictos con apertura, empatía y una comunicación efectiva que podemos fomentar la comprensión y forjar conexiones más profundas. Al reconocer que nuestras diferencias son las que nos hacen únicos y al abrazar la oportunidad de aprender el uno del otro, podemos trascender el conflicto y crecer juntos, de la mano.

8.2 Manejando las Influencias Externas

El mundo que nos rodea ejerce una tremenda influencia en nuestras relaciones. Desde las presiones sociales hasta las opiniones de amigos y familiares, las fuerzas externas pueden moldear nuestras percepciones y crear obstáculos en nuestro viaje romántico. Sin embargo, es crucial recordar que el poder para navegar estas influencias reside en nosotros. Al establecer límites claros, priorizar una comunicación abierta y honesta, y mantenernos firmes en nuestro compromiso mutuo, podemos superar las tormentas que surgen de las presiones externas. Juntos, nos convertimos en una fuerza inquebrantable, capaz de resistir los embates de la sociedad y abrazar el amor que hemos cultivado.

8.3 Cultivando la Resiliencia y la Perseverancia

Las relaciones, al igual que la vida misma, no son inmunes a los desafíos y contratiempos. Es durante estos momentos de adversidad que nuestra resiliencia y perseverancia son puestas a prueba. La verdadera fortaleza no radica en evitar los obstáculos, sino en enfrentarlos de frente, de la mano y de corazón a corazón. Al reconocer que nuestro viaje puede estar lleno de altibajos, podemos abordar cada desafío como una oportunidad de crecimiento y renovación. Juntos, podemos construir una base de apoyo inquebrantable, confianza y determinación que nos llevará a través de las noches más oscuras y hacia el amanecer de una conexión más fuerte y profunda.

8.4 Reuniones Familiares con Tu Nueva Pareja

La fusión de dos familias es un acontecimiento trascendental, donde las tradiciones, valores y antecedentes se entrelazan. Las reuniones familiares, aunque alegres, también pueden presentar desafíos únicos y la necesidad de adaptabilidad. Mientras nos embarcamos juntos en esta aventura, es esencial abordar estas reuniones con corazones y mentes abiertos. Al fomentar una atmósfera de inclusión y respeto, podemos honrar la unión de nuestro amor y la acogida de nuestras familias. Estas reuniones se convierten en una oportunidad para forjar nuevas conexiones, celebrar nuestras experiencias compartidas y crear recuerdos duraderos que entrelazan el tapiz de nuestras vidas.

8.5 Navegando Reuniones Sociales con los Amigos de Tu Pareja

Las amistades ocupan un lugar especial en nuestras vidas, y cuando entramos en una relación, los amigos de nuestra pareja se convierten en una parte integral de nuestra red de apoyo extendida. Las reuniones sociales con amigos pueden ser tanto emocionantes como desafiantes, ya que navegamos nuevas dinámicas y encontramos nuestro lugar dentro del grupo. Es crucial abordar estos encuentros con autenticidad, curiosidad y disposición para participar. Al fomentar conexiones genuinas, podemos construir puentes entre nuestros mundos y crear un espacio donde las amistades puedan florecer y prosperar. En esta unión de corazones y mentes, encontramos un sentido más profundo de pertenencia y apoyo, sabiendo que no estamos solos en este hermoso viaje.

8.6 Respetando los Compromisos y Trabajos de tu Pareja

En el tapiz de la vida, nuestros compromisos y trabajos desempeñan un papel significativo en la formación de nuestras identidades y nos proporcionan un propósito. Cuando entramos en una relación, es importante honrar y respetar los compromisos que nuestra pareja ha asumido fuera de nuestra unión. Debemos reconocer el esfuerzo, la dedicación y la pasión que invierten en su trabajo. Al fomentar un sentido de comprensión y participar activamente en su trayectoria, nos convertimos en los pilares de apoyo mutuo. Juntos, creamos un espacio donde las aspiraciones personales y los sueños compartidos pueden coexistir armoniosamente, nutriendo el crecimiento tanto de los individuos como de la relación misma.

En este capítulo, logramos explorar el vasto terreno de superación de los desafíos en las relaciones, y vimos cada sección rebosante de oportunidades para el crecimiento, la comprensión y la creación de un vínculo inquebrantable. Mientras nos embarcamos en este viaje transformador, abracemos las complejidades, las alegrías y los obstáculos con corazones y mentes abiertos. Juntos, tenemos el poder de superar cualquier desafío, forjando una conexión que resistirá el paso del tiempo, arraigada en el amor, la compasión y un profundo sentido de unidad.

CAPÍTULO 9: MANTENER VIVO EL AMOR

El amor es algo hermoso y delicado. Requiere atención constante y esfuerzo para mantener la llama ardiendo brillante. En este capítulo, exploraremos las diversas formas en las que puedes alimentar tu relación y asegurarte de que el amor entre tú y tu pareja siga siendo fuerte, vibrante y vivo.

9.1 Abrazando la gratitud y el aprecio

Una de las prácticas más poderosas y transformadoras que puedes adoptar en tu relación es el arte de la gratitud y el aprecio. Tómate un momento cada día para reflexionar sobre las cualidades que admiras en tu pareja y expresar tu sincero aprecio por ellas. Hazles saber cuánto valoras su presencia en tu vida y cuán agradecido/a estás por su amor y apoyo. Cuando reconocemos y apreciamos los aspectos positivos de nuestra relación, fortalecemos el vínculo entre nosotros y creamos una profunda sensación de conexión y plenitud.

9.2 Redescubriendo el romance y la aventura

Con el paso del tiempo, es fácil caer en la rutina y perder de vista el romance y la emoción que alguna vez definieron tu relación. Pero nunca es tarde para redescubrir la magia. Planea citas románticas, sorprende a tu pareja con pequeños gestos de cariño y embarcaos en aventuras juntos.

Aviva la chispa inyectando nuevas experiencias y actividades en sus vidas. Ya sea probar un nuevo pasatiempo, emprender un viaje improvisado por carretera o simplemente compartir una cena a la luz de las velas, haz un esfuerzo consciente para crear momentos de alegría, risa y pasión.

9.3 Invirtiendo en una asociación duradera

Una asociación duradera se construye sobre una base de confianza, comunicación y respeto mutuo. Requiere una inversión y compromiso continuos por parte de ambos miembros. Dedica tiempo para escuchar las necesidades y preocupaciones de cada uno y haz un esfuerzo por encontrar puntos en común y llegar a compromisos. Aprende a comunicarte de manera efectiva, expresando tus emociones y deseos de manera amorosa y no confrontativa. Al invertir en el crecimiento y bienestar de tu relación, creas un espacio seguro y nutritivo donde el amor puede florecer y prosperar.

9.4 Manteniendo las cosas frescas y emocionantes

La monotonía puede ser enemiga del amor. Para mantener la llama viva, es importante inyectar frescura y emoción en tu relación. Explora nuevas actividades juntos, prueba cosas nuevas y sal de tu zona de confort. Libérate de lo predecible y abraza lo desconocido. Al empujar constantemente los límites de tu relación, creas oportunidades de crecimiento y aventura, fomentando una sensación de exploración compartida que fortalece tu vínculo.

9.5 Sorprende a quien amas sin esperar fechas especiales

El amor no se limita a ocasiones especiales o fechas designadas en el calendario. Sorprende a tu pareja con gestos de amor y cariño cuando menos se lo esperen. Deja pequeñas notas de amor por la casa, prepara su comida favorita solo porque sí, o llévalos a una cita espontánea. Al mostrar tu amor y aprecio de formas inesperadas, mantienes vivo el romance y recuerdas a tu pareja cuánto te importa.

9.6 Continuando el crecimiento interno y el desarrollo profesional

Para nutrir una relación saludable y satisfactoria, es esencial priorizar tu propio crecimiento personal y desarrollo profesional. Al invertir en ti mismo/a, aportas un sentido de plenitud y confianza a la relación, lo cual tiene un impacto positivo en tu conexión con tu pareja. Persigue tus pasiones, establece metas y desafíate a ti mismo/a para convertirte en la mejor versión de ti mismo/a. A medida que creces individualmente, creas una base sólida para el crecimiento como pareja, apoyando las aspiraciones y sueños mutuos.

9.7 Aprovecha tu independencia

Si bien es importante cultivar un fuerte vínculo con tu pareja, es igualmente vital mantener un sentido de independencia y amor propio. Recuerda que eres un individuo completo y único, con tus propios sueños, deseos e intereses. Cultiva tus propias pasiones y hobbies, pasa tiempo con amigos y familiares, y prioriza el autocuidado. Al nutrir tu independencia y practicar el amor propio, aportas confianza y plenitud a la relación. Este equilibrio saludable te permite dar y recibir amor de todo corazón.

9.8 Envejecer con el ser amado

El verdadero amor trasciende el tiempo y la edad. A medida que recorres juntos el camino de la vida, abraza el proceso de envejecer con el ser amado. Valora los recuerdos y experiencias compartidas que han moldeado tu relación. Celebra la belleza y sabiduría que viene con la edad y permítele profundizar tu conexión. Acepta los cambios y desafíos que trae consigo el tiempo, sabiendo que tu amor es resiliente y puede resistir cualquier tormenta. Envejecer juntos es un testimonio de la fuerza y resistencia de tu amor, y es un regalo que debe ser valorado y celebrado cada día.

En resumen, mantener vivo el amor requiere esfuerzo constante, atención y un compromiso profundo de nutrir la relación. Acepta la gratitud y el aprecio, redescubre el romance y la aventura, invierte en una asociación duradera y mantén las cosas frescas y emocionantes. Sorprende a tu pareja con gestos de amor, continúa tu crecimiento personal, aprovecha tu independencia y amor propio, y abraza el viaje de envejecer juntos. Que tu historia de amor esté llena de pasión, alegría y una conexión duradera que supere la prueba del tiempo.

CONCLUSIÓN: EL VIAJE DEL AMOR

Querido lector, buscador de tu único y verdadero amor, tu viaje debería ser emocionante y lleno de alegría. Te he brindado conocimientos valiosos y consejos prácticos para aquellos que buscan encontrar un amor duradero y mantener una relación satisfactoria a lo largo de sus vidas. El camino para encontrar y nutrir una asociación para toda la vida no está exento de desafíos, pero armados con el conocimiento y la sabiduría compartidos en este libro, los lectores pueden navegar por las complejidades del amor y construir un vínculo sólido y duradero.

A lo largo del libro, exploramos varios aspectos del amor, comenzando con la importancia del amor propio y la autoconciencia. Aprendimos que antes de embarcarnos en la búsqueda del amor, es crucial entendernos a nosotros mismos, nuestros valores y nuestras necesidades. Al hacerlo, sentamos las bases para una relación saludable y satisfactoria.

El libro también profundizó en el arte de encontrar el compañero adecuado. Discutimos la importancia de la compatibilidad, los valores compartidos y las metas comunes en una relación exitosa y duradera. Se animó a los lectores a tomarse su tiempo en la búsqueda del amor, a ser pacientes y perspicaces, y a confiar en sus instintos al elegir a un compañero de vida.

Además, he enfatizado la importancia de una comunicación efectiva y una escucha activa para mantener una conexión sólida y amorosa. Exploramos técnicas para expresar emociones, resolver conflictos y fomentar la intimidad. Al dominar estas habilidades, las parejas pueden fomentar la comprensión, la confianza y una profunda conexión emocional.

Adicionalmente, el libro abordó los desafíos que inevitablemente surgen en las relaciones a largo plazo y proporcionó estrategias para superarlos. Discutimos la importancia del compromiso, el perdón y la adaptabilidad para sobrellevar las tormentas y crecer juntos como pareja. El libro también enfatizó la importancia de mantener la individualidad dentro de una relación y permitir que cada compañero tenga el espacio para buscar el crecimiento personal e intereses propios.

Además, el libro arrojó luz sobre el papel de la pasión, el romance y la intimidad en una relación duradera. Destacó la necesidad de expresiones regulares de amor y cariño, así como la importancia de mantener una conexión sexual saludable y satisfactoria. Al priorizar estos aspectos de una relación, las parejas pueden mantener viva la llama del amor a lo largo de los años.

Por último, el libro tocó el concepto de envejecer juntos y la importancia de cultivar el amor en la vejez. Exploramos formas de mantener la relación vibrante y emocionante, incluso a medida que ocurren cambios físicos y emocionales. Desde crear nuevas experiencias juntos hasta cultivar un entorno de apoyo y amor, el libro proporcionó orientación para que las parejas naveguen por los desafíos y las alegrías de envejecer lado a lado.

En conclusión, este libro ofrece a los lectores una guía integral para construir y mantener un amor satisfactorio y duradero. Al abrazar los principios y prácticas discutidos en este libro, las personas pueden embarcarse en un viaje hacia encontrar su propio "y vivieron felices para siempre" y disfrutar de la belleza del amor a lo largo de sus vidas. Recuerda, el amor no es un destino, sino una aventura de toda la vida, y con dedicación, comprensión y compromiso, es posible encontrar y conservar el amor hasta la vejez.

¡Y FUERON FELICES PARA SIEMPRE TAMBIÉN ES PARA TI!

Te deseo todo lo mejor en tu búsqueda de la felicidad y estaré animándote para que alcances todas tus metas amorosas sin demora. Pero recuerda perseverar en el proceso. Se trata del viaje, no de la meta final. Cuando te conozcas a ti mismo y encuentres tu confianza, los demás también lo verán. Confía en el proceso y el Amor de tu Vida encontrará su camino hacia ti.

Además, cuando encuentres a esa persona especial (y sucederá), les deseo a ambos alcanzar como pareja esa bendición a futuro del "y fueron felices para siempre", porque ambos se lo merecerán. No lo dudes por un instante. El universo lo hará posible, solo tienes que navegar e intentar y sucederá para ti y tu pareja. Deja que tu emoción dicte tu destino hacia la felicidad y el amor perseverará.

Don't miss out!

Visit the website below and you can sign up to receive emails whenever BRIAN MICHAEL LAWSON publishes a new book. There's no charge and no obligation.

https://books2read.com/r/B-A-DDBZ-HURKC

BOOKS 2 READ

Connecting independent readers to independent writers.

Did you love *¡Y Fueron Felices Para Siempre también es para Ti!*? Then you should read *Mujeres Bellas Denegadas*[1] by BRIAN MICHAEL LAWSON!

[2]

En el escalofriante y misterioso thriller de suspense, **Mujeres Bellas Denegadas**, el teniente McManus, un detective atormentado, se balancea al borde de la cordura tras la muerte sin resolver de su hija. Con un implacable y desconocido asesino suelto, que atraviesa la supuesta seguridad del campus de la Universidad de Auburn, una escalofriante ola de asesinatos golpea el corazón de la ciudad universitaria. A medida que hermosas y vibrantes estudiantes universitarias se convierten en víctimas una tras otra, la investigación pasa factura a McManus, alimentando su angustia emocional y empujándolo al borde del abismo. Con las tensiones en aumento dentro del equipo de investigación y la presión del

---

1. https://books2read.com/u/bre0xe

2. https://books2read.com/u/bre0xe

senador John Noonan exigiendo justicia rápida, la tranquila atmósfera estival de Auburn se convierte en un hervidero de miedo, mientras tanto el asesino del campus universitario continua implacable asechando sus víctimas. El siniestro juego del asesino acaba de comenzar y el tiempo se agota.

Also by BRIAN MICHAEL LAWSON

Thriving through Divorce: A Comprehensive Guide to Emotional, Personal, and Financial Recovery

The Memory of Water

La Memoria del Agua

¡Cómo convertir $100 en $1,000,000 en 1 año! Una guía para la creación de riqueza exponencial

Triunfando a Pesar del Divorcio

Happily Ever After Is for You Too! A Guide to Never Giving Up Until You Find Your True Love

¡Y Fueron Felices Para Siempre también es para Ti!

Mujeres Bellas Denegadas

Girls Disavowed

How to Turn One Hundred Dollars into One Million Dollars in One Year: A Guide to Exponential Wealth Creation

About the Author

Brian Michael Lawson es padre de dos magníficos hijos (Michael James y Dylan) y es un autor publicado (*La Memoria del Agua, ¡Y Fueron Felices Para Siempre también es para Ti!, Triunfando a Pesar del Divorcio*, y otros titulos). También es un emprendedor de negocios, ingeniero y creador de contenido. Ha sido gerente de proyecto humanitario regional de las Naciones Unidas en Centroamerica. Tiene un título de MBA y un título de Licenciado en Ciencias de la Ingeniería. Cree en aprovechar el poder de la mente humana, optimizar las conexiones emocionales y ayudar a la resiliencia de la Tierra protegiendo el medio ambiente.